विनोद कुमार शुक्ल

पचास कविताएँ

नयी सदी के लिए चयन

वाणी प्रकाशन

पहला संस्करण : 2011
दूसरा संस्करण : 2023

वाणी प्रकाशन
4695, 21-ए, दरियागंज, नयी दिल्ली 110 002
फ़ोन : +91 11 23273167 फ़ैक्स : +91 11 23275710
शाखाएँ
अशोक राजपथ, पटना 800 004, बिहार
कॉफ़ी हाउस कैम्पस, महात्मा गांधी मार्ग, इलाहाबाद 211 001, उत्तर प्रदेश
महात्मा गांधी अन्तरराष्ट्रीय हिन्दी विश्वविद्यालय, वर्धा 442 001, महाराष्ट्र
36/ए, शेक्सपीयर सरणी, रानी बिरला गर्ल्स कॉलेज के पास, कोलकाता 700 017, प. बंगाल
www.vaniprakashan.com
marketing@vaniprakashan.in
sales@vaniprakashan.in

Pachas Kavitayen
Nai Sadi Ke Liye Chayan
by Vinod Kumar Shukla

ISBN : 978-93-5000-778-5
Poetry Collection

मूल्य : ₹ 95

आर. टेक ऑफ़सेट प्रिंटर्स, दिल्ली-110 032 में मुद्रित

वाणी प्रकाशन का लोगो मक़बूल फ़िदा हुसेन की कूची से

क्रम

कि नहीं होने को

कि नहीं होने को
टकटकी बाँधकर देखता हूँ
आकाश में
चन्द्रमा देखने के लिए
चन्द्रमा के नहीं होने को।

कब से नहीं होने को
कब से टकटकी बाँधकर।

चले जाने के इस शून्य से
कभी लौटकर आ जाने के—
तब तक के उस शून्य को।

साथ न होने के इस सत्य से
साथ हो जाने की उस कल्पना तक
उसके दिख जाने के खोये को
टकटकी बाँधकर ढूँढ़ता हूँ।

कि मेरे इस एकटक के पिंजड़े में
उसका नहीं दिखना
पंख फड़फड़ाता है
और पिंजड़े से निकलकर
उड़ता हुआ
उसी तरफ जाता है
जिस तरफ उसका दिखना उड़ता हुआ
ओझल होता है।

प्रतिमाएँ पत्थर की हैं

प्रतिमाएँ पत्थर की हैं
मूर्तियों में आनन्द पत्थर का
सुख पत्थर का है
इस सुख से मुस्कुराहट पत्थर की।
हमारी चितवन के सामने पत्थर है
परन्तु सब कुछ सजीव
कि प्रतिमा के चितवन के सामने
हम दोनों पथराये
हमारे पथराने में मूर्तियों का सौष्ठव
मूर्तियों की नक्काशी
हम दोनों आलिंगन में पथराये।

हताशा से एक व्यक्ति बैठ गया था

हताशा से एक व्यक्ति बैठ गया था
व्यक्ति को मैं नहीं जानता था
हताशा को जानता था
इसलिए मैं उस व्यक्ति के पास गया
मैंने हाथ बढ़ाया
मेरा हाथ पकड़कर वह खड़ा हुआ
मुझे वह नहीं जानता था
मेरे हाथ बढ़ाने को जानता था
हम दोनों साथ चले
दोनों एक दूसरे को नहीं जानते थे
साथ चलने को जानते थे।

वे दोनों एक दूसरे के भक्त

वे दोनों एक दूसरे के भक्त
और कोई देवी देवता नहीं
चौरासी करोड़ देवी देवताओं से
निर्जन प्रदेश का एकान्त
वहीं घर
पूजा की कोठरी सा।

छोटी सी गृहस्थी के कर्मकाण्ड का ब्रह्माण्ड
जैसे झाड़ू लगाने से
रात का बचा अँधेरा दूर होता
और कालिख लगे बर्तनों को माँजने में
सूर्य मँजते हुए उदित होता।

चन्द्रमा कभी छोटा कभी बड़ा
एक दिन का खर्च हुआ
चिल्हर सिक्का था–
चन्द्रमा को उठाकर (आकाश तक)
वह धरती पर खर्च कर देती।

एक साथ खर्च करने को दो सिक्के नहीं थे
नहीं तो चन्द्रमा दो होते।
दूज, तीज उसकी गिनती थी।
धरती उसके प्रेम के पुण्य से भरी
तो आकाश अन्तहीन भरता हुआ।

बड़े सबेरे दूध की गंजी वह
देहरी के पास रख देती
ग्वाला उसमें नियम से दूध डाल देता
यह ग्वाला धरती में यदि कृष्ण नहीं
तो आकाश में हुआ होता
परन्तु, दोनों की एक दूसरे की भक्ति में
कोई और देवी देवता नहीं में
वह कृष्ण भी नहीं था
धरती में और आकाश में
जो चौरासी करोड़ उदाहरणों में
एक छोटा सा उदाहरण था।

एक झोंपड़ी का घोंटुल था

एक झोंपड़ी का घोंटुल था।
सल्फी का पेड़
बहक कर घोंटुल से दूर उगा था।
उसमें चिड़िया का घोंसला घोंटुल था।
युगल तारों से भरा जंगल का आकाश घोंटुल आकाश था।
चन्द्रमा उड़ता हुआ वहाँ उगा था,
और चाँदनी की उड़ान
फैल गयी थी।

पलाश के पेड़ की शाखा पर
एक अकेला पक्षी बैठा था।
महुआ के पेड़ की शाखा पर
एक अकेली चिड़िया बैठी थी।
रात्रिवास के आदिवासी पक्षी
तुम्हारी चिड़िया कहाँ है पक्षी
रात्रिवास की आदिवासी चिड़िया
तुम्हारा पक्षी कहाँ है चिड़िया।

अन्तरिक्ष की शाखा पर घोंसले की तरह लटकी पृथ्वी में
एक चिड़िया अण्डे से रही थी।
संसार के होने में संसार घोंटुल था।

मन्दिर को उसने

मन्दिर को उसने
घर में इकट्ठा कर लिया था
देवता को मुझमें।
तब वह मूर्ति सदृश्य
प्रतिदिन की सूखी पत्तियों को
बुहार रही थी,
मेरे आने को
शताब्दियों बाद प्रगट हुआ सा उसने देखा।

बरसात को उसने
सरोवर में इकट्ठा कर लिया था,
सरोवर से जल लाकर
बरसात से उसने
निर्माण के क्षेत्र से भी बाहर
निर्मित को धोया
और बाढ़ के पानी को
नदी निकालकर बहा दिया।

चटनी के लिए उसने इमली,
बीज निकालकर इकट्ठा किया
उसी तरह बिजलियों को
कड़क-ध्वनि निकालकर
जमा किया था–
बीती रातों से बिजली की झालरों को निकालकर
इस रात को सजाया,
तथा सूपे में महुवा के फूलों के साथ
झरे हुए इकट्ठा तारों को,
पछोरकर
चाँदनी का आकाश कर दिया था।

शीत ऋतु को उसने
उघारे में इकट्ठा किया था
ग्रीष्म को तपने में
आलिंगन में आलिंगनों को
चुम्बन में चुम्बनों को
और प्रतीक्षाओं के अन्त को
प्रतीक्षा के अन्त में।

राजनैतिक बहस में सूखे को लेकर

राजनैतिक बहस में सूखे को लेकर
मैंने किसी से नहीं कहा
कि नदी के किनारे से
एक झुण्ड चिड़िया उड़ी है—
जैसे एक लहर कई टुकड़ों में उड़ी है।
लेकिन, पड़ोसी कुर्सी पर ऊँघते हुए लोगों के बीच
बैठी हुई किसी चिड़िया को दिखलाकर मैंने हल्ला मचाया
कि टेबिल पर लहर का टुकड़ा है।
दस दोस्तों ने गाकर बताया
कि लहर का टुकड़ा खिड़की से आया।
दीवाल की खूँटी पर बैठा।
मुँह हाथ धोना है। इत्यादि।
और लहर का चेहरा नदी से मिलता-जुलता है।
पानी से भरी बाल्टी का चेहरा नदी से मिलता-जुलता है।
संसद के कंघी के आकार के होने की प्रक्रिया में
सरकार के सिर पर बाल नहीं थे।

जंगल के दिन भर के सन्नाटे में

जंगल के दिन भर के सन्नाटे में
महुवा टपकने की आवाज आती है
और शाम को हर टप! के साथ
एक तारा अधिक दिखने लगता है
जैसे आकाश में तारा टपका है
फिर आकाश भर जाता है
जैसे जंगल भर जाता है।

आदिवासी लड़की, लड़के, स्त्री जन
अपनी टोकनी लेकर महुवा बीनने
दिन निकलते ही उजाले के साथ साथ
जंगल में फैल जाते हैं।

एक आदिवासी लड़की
महुवा बीनते बीनते
एक बाघ देखती है
जैसे जंगल में
एक बाघ दिखता है।

आदिवासी लड़की को बाघ
उसी तरह देखता है
जैसे जंगल में एक आदिवासी लड़की दिख जाती है
जंगल के पक्षी दिख जाते हैं
तितली दिख जाती है।–
और बाघ पहले की तरह
सूखी पत्तियों पर
जँभाई लेकर पसर जाता है।

एक अकेली आदिवासी लड़की को
घने जंगल जाते हुए डर नहीं लगता
बाघ-शेर से डर नहीं लगता
पर महुवा लेकर गीदम के बाजार जाने से
डर लगता है।

बाजार का दिन है
महुवा की टोकनी सिर पर बोहे
या काँवर पर
इधर उधर जंगल से
पहाड़ी के ऊपर से उतर कर
सीधे-सादे वनवासी लोग
पेड़ के नीचे इकट्ठे होते हैं
और इकट्ठे बाजार जाते हैं।

पानी को

पानी को
पानी की गठरी में बाँध दिया
कपड़े को कपड़े की गठरी में
पानी की गठरी है तालाब
कमल गठानें हैं।

खिले-खुले अधखुले कमल से
अपने-अपने में बहता पानी
अपने-तुपने में
फिर तुपने में बहता
जल की बड़ी बूँद तालाब
जल को पानी की गठरी में बाँध दिया।

उससे यहीं मिलने का निश्चय।

उससे यहीं मिलने के निश्चय को
यही मिलने के निश्चय में
बाँध दिया।

प्रत्येक आवाज खटका है

प्रत्येक आवाज खटका है
बच्चे का माँ! कहकर पुकारना
खत्म होती हरियाली में
बीज से अंकुर का निकलना
खाली मुट्ठी में बन्द हवा का छूटकर
जमीन पर गिरना खटका है।
पानी पीना और रोटी चबाना भी।

बचाओ! बचाओ!! चिल्ला सकने वाले लोग
बचाओ भी नहीं चिल्लाते
कोई बचा है
यह पूछने वाला भी नहीं बचेगा।
लगता है दुनिया को नष्ट करने का धमाका
अभी शायद हो
हो सकता है जिन्दगी को नष्ट करने के धमाके के पहले
जिन्दगी का बड़ा धमाका हो।

प्रकृति में

प्रकृति में
मैं शहरी आदमी
अजीब तरीके से खोया

बस में चढ़ने के लिए लोगों की लाइन
इस तरह लगती है
कि आदमियों के बीच
किनारे का पेड़ भी
लाइन में शामिल हो जाता है
उस पेड़ के पीछे अकेला मैं
सबसे पीछे।

बस के आने के बाद
मैं पढ़ा-लिखा समझदार
खड़ा रहा
कि बस में पेड़ चढ़े फिर उसके पीछे मैं
तब मुझे मालूम होता है
कि पेड़ बस में नहीं चढ़ता।

और मैं शहरी आदमी
प्रकृति से इस तरह अलग होता हूँ
कि पेड़ को पीछे छोड़ बस में बैठ जाता हूँ।
बस में बैठे मेरी इच्छा है
कि पूरे रास्ते में दोनों ओर पेड़ मिलते रहें

मैंने अपने कमरे में
पूरे जंगल की तस्वीर लगा रखी है।

मंगल ग्रह इस समय पृथ्वी के बहुत पास आ गया

मंगल ग्रह इस समय पृथ्वी के बहुत पास आ गया है
वहाँ किसी जीव के न होने का सन्नाटा
अब पृथ्वी के बहुत समीप है
कि पृथ्वी के पड़ोस में कोई नहीं
समय पड़ने पर पृथ्वी का कौन साथ देगा
पृथ्वी के सुख दुःख
उसके नष्ट होने
और समृद्ध होने का कौन साक्षी होगा।

सुनो मेरे पड़ोसी
सबके अड़ोसी पड़ोसी
और पड़ोस के बच्चे
जो एक दूसरे की छतों में
कूदकर आते जाते हैं,
मंगल ग्रह इस समय पृथ्वी के बहुत समीप है—
पृथ्वी के बच्चो कूदो

तुम्हारा मंगल हो
वायु, जल, नभ
धरती, समुद्र, तुम्हारा मंगल हो
दूब, पर्वत, वन
तुम्हारा मंगल हो
मंगल! तुम्हारा मंगल हो
पृथ्वी से दूर अमंगल, मंगल हो।

वह आदमी नया गरम कोट पहिनकर चला गया विचार की तरह

वह आदमी नया गरम कोट पहिनकर चला गया विचार
की तरह।
रबड़ की चप्पल पहिनकर मैं पिछड़ गया।
जाड़े में उतरे हुए कपड़े का सुबह छः बजे का वक्त
सुबह छः बजे का वक्त, सुबह छः बजे की तरह।
पेड़ के नीचे आदमी था।
कुहरे में आदमी के धब्बे के अन्दर वह आदमी था।
पेड़ का धब्बा बिल्कुल पेड़ की तरह था।
दाहिने रद्दी नस्ल के घोड़े का धब्बा,
रद्दी नस्ल के घोड़े की तरह था।
घोड़ा भूखा था तो
उसके लिए कुहरा हवा में घास की तरह उगा था।
और कई मकान, कई पेड़, कई सड़कें इत्यादि कोई घोड़ा नहीं था।
अकेला एक घोड़ा था। मैं घोड़ा नहीं था
लेकिन हाँफते हुए, मेरी साँस हूबहू कुहरे की नस्ल की थी।

यदि एक ही जगह पेड़ के नीचे खड़ा हुआ वह मालिक आदमी था
तो उसके लिए
मैं दौड़ता हुआ, जूते पहिने हुए था जिसमें घोड़े की तरह नाल
ठुकी थी।

इस बियाबान उजाड़ मैदान में

इस बियाबान उजाड़ मैदान में
कभी नगर बसा हुआ हो
अब खँडहर भी नहीं, कुछ नहीं
छाया के लिए पेड़ नहीं
पेड़ की ऐसी सूखी पत्ती नहीं
जो दूर से उड़ कर आयी हो
दूब है दूब की छाया है।
दूब की छाया में एक दुबका हुआ कीड़ा है
यह एक ऐसा ऐतिहासिक स्थान है
जहाँ किसी खंडित मूर्ति के माथे के बल का एक रेत कण
किसी कीड़े के घर रखा हुआ हो सकता है
तो दूसरे कीड़े के घर
विशाल प्रस्तर स्तम्भ का एक रेत कण
चूर-चूर हुए मन्दिर की एक चुटकी ढेरी
मृत देह की धूल पर
हमारी कल खाई हुई रोटी का अवशेष—
अभी कोई कीड़ा मुझसे भी परिचित हो रहा होगा

जान रहा होगा कोई सूक्ष्म जीव
पर मैं यहाँ बसा हुआ नहीं हूँ
जहाँ बसा हूँ
वहाँ भी कीड़ों का जीव जगत है।

मुरमी जमीन है सब तरफ

मुरमी जमीन है सब तरफ
एक चुम्बक का टुकड़ा
धरती पर गिर जाए तो
लोहा मिले मुरम के छोटे-छोटे टुकड़े
चुम्बक में चिपके दिखते हैं
धरती में लोहा है।
तेज हवा में, धागे से चुम्बक लटकाकर रखो
धूल जैसे लोहे के बारीक कण
चुम्बक में चिपके दिखलाई देते हैं
हवा में लोहा है
लोहे की धूल-गर्द उड़ती है।
घरों में छानी-छप्पर में
आँगन में
किताबों कपड़ों में भी
उसी की गर्द होती है।
बहुत धूल होती है—
किसी भी तालाब के पानी-जल से नहा लें
उसमें भी लोहा होता है,
घिस-घिसकर, रगड़-रगड़ जंगरहित
और धारदार।

दरवाजा नहीं था मन्दिर में

दरवाजा नहीं था मन्दिर में
पत्थर के चौखट में दरवाजे का निराकार था।

इस निराकार दरवाजे के अस्पष्ट बन्द या खुले को
मैं स्पष्ट खोलता हूँ।

बहुत देर लगा दी—उसने कहा।
वह मेरी सदैव प्रतीक्षा में खड़ी
स्थापित थी।

तब देर से आने की सदैव कथा कहता हुआ
कत्थक की एक मुद्रा में
उसके दाहिने आकर मैं
सदैव स्थापित
खड़ा हो गया—
उसकी सदैव प्रतीक्षा के दाहिने सदैव आया हुआ।

मन्दिर का एक सदैव घर था।

लड़की की इच्छा है

लड़की की इच्छा है—
नदी बहुत बड़ी होती है।

नदी का एक बूँद पानी
बूँद भर नदी
बूँद भर गहरी
बूँद भर बही।

लेकिन लड़की कहती है
तालाब भी बहुत बड़ा होता है।
तालाब का एक बूँद पानी
बूँद भर तालाब,
बूँद भर गहरा हो गया।
बूँद भर ठहरा हो गया।

लड़की की बहुत छोटी इच्छा है।

कितनी छोटी
वह लड़की नहीं जानती।

अन्तिम समय तक के लिए

अन्तिम समय तक के लिए
उनका एक गृहस्थ आश्रम
एकान्त के घने वन से छुपे
जीवन की अथाह गहरी नदी के किनारे।

इसी नदी के जल में डुबकी लगाकर
दोनों स्नान करते
कलश गें वह

यही जीवन जल भरती
और यही जल वे ताँवे के लोटे में लेकर लौटते।

अपनी कर्म साधना के चलते
दोनों नदी की मँझधार तक पैदल भी चले जाते
किसी डूबते का दुख बाँटते
और हाथ पकड़कर उभार लेते
कभी स्वयं को स्वयं से।
यदि भँवर के गड्ढे में पैर पड़ जाता

तो चक्कर आ जाता।

उस पार के किनारे से
जहाँ साप्ताहिक हाट भरता
एक सफेद झोले में वे कभी
थोड़ा सा अन्न लाते
और वह टिकुली, सिन्दूर, फीता,
दो बीता नया कपड़ा
कभी अँगोछा, नमक, मिट्टी का तेल।

एकान्त के वन में उनके इस गृहस्थ आश्रम में
बचपन की देखी चिड़ियाओं का झुंड
उड़ता हुआ आता
और जिस आम के वृक्ष पर
युवावस्था के फल तोड़ने की स्मृति होती
उस पेड़ पर बैठ जाता।
सचमुच की चिड़िया
स्मृति की चिड़िया की तरह बैठी होती
वह उड़ जाती
परन्तु स्मृति की चिड़िया नहीं
वह तो घोंसले बनाने लगती।
आश्रम के आँगन में
पछोरे अन्न के दानों को चुगने
दोनों के बचपन की देखी चिड़िया बैठ जाती।

और जब-तब एक गुड़िया
जिसका वह ब्याह नहीं करा पायी होती

अक्ति के दिन या आये दिन
अपने आसपास में
या दूर-दूर में
कब से रखा एक गुड्डा ढूँढ़कर
ब्याह करा देती।
गुड़ियाओं के बड़े होने का
वह राह देखती
और गुड़िया कभी भी
बहुत बड़ी नहीं होती
इसलिए एक अच्छा गुड्डा
कुछ देर से सही, ढूँढ़ लेती।

उनकी कम होती आवश्यकताओं में
सूर्य की एक किरण से प्रातः
और अन्तिम एक किरण के डूबने से सन्ध्या होती,
सूर्य को उन्होंने जमा करा दिया था
कि कल दूसरों के काम आएगा
यद्यपि तब भी प्रातः की एक किरण,
और प्रातः और पूरा दिन नया होता
और सन्ध्या की अन्तिम किरण
अन्तिम नहीं होती अगले दिनों में भी।
इस दिनचर्या में वे ऊषा काल की पहली और सन्ध्या की अकेली किरण को
गठान लगाकर जोड़ देते
भविष्य के धब्बों को धोकर
कल के उपयोग के लिए
इसी अरगनी में सूखने डाल देते
तथा बचे समय में

बीती गलतियों को सुधारने का
काम लेकर बैठ जाते
तो दूसरों की गलती अपनी गलती लगती
और दिन बीत जाता।

रात्रि होते ही गहरी होती
और अँधेरा होते ही अन्धकार
बहुत जल्दी सोते हुए
दोनों प्रायः सुबह का स्वप्न देखते
और रात में चौंककर दो तीन बार उठते
कि सुबह हो गयी
और दोनों में से कोई
दोनों में से किसी को सुला देता
कि रात बाकी है सो जाओ।

साथ-साथ सोते हुए
एक ही स्वप्न देखते।
टूट जाता तो वहीं से जोड़ते
जहाँ से टूटा होता और देखने लग जाते।
स्वप्न के जोड़ का पता नहीं चलता
कुछ छूटता नहीं।

एक ही जागरण के दिन में
इस तरह शामिल होते
कि काम का समय कम पड़ जाता
बचा काम कम नहीं होता
नया काम और जुड़ जाता

इसलिए प्रायः
सुबह के धोखे में
आधी रात को उठे दोनों
जरूरी काम कर रहे होते
बहुत देर बाद एक-दो चिड़ियों का बोलना
सुनाई देता
अँधेरा कुछ बचा होता
परन्तु उनका सबेरा
आधी रात को हो चुका होता।

हाथ बढ़ाकर मैं भी उसे स्पर्श करता हूँ

हाथ बढ़ाकर मैं भी उसे स्पर्श करता हूँ
जब मैंने पत्थर को पत्थर के स्पर्श में देखा
पत्थर का होना शाश्वत होना है—उसने कहा।

क्या मेरा स्पर्श भी पत्थर का हो
मेरा पत्थर का हाथ
उसके पत्थर के गालों को स्पर्श करे!

हम दोनों शाश्वत होने से बच गये
मैं भी चकित नहीं हूँ
और वह भी
कि हम दोनों शाश्वत होने से बच गये।

पत्थर का होना शाश्वत होना है के
खँडहर का एक टुकड़ा
पत्थर का होना शाश्वत होना है के वाक्य का टुकड़ा है—
एक टुकड़ा—होना
एक टुकड़ा—है
एक टुकड़ा शाश्वत का
श्व खँडहर में दबा पड़ा हुआ।

हवा के झरोखे से झोंका आया

हवा के झरोखे से झोंका आया
ढूँढ़कर आया।

आँधी में खो गया झोंका
कितनी बयार, पुरवाई से होकर
पछवाकर, हवा की सड़क पर
हवा का रिक्शा
हवा ने रिक्शा चलाया
रिक्शे में बैठ झोंका आया।

घण्टी बजाकर नहीं
हवा की हेंडिल पर घण्टी की जगह
उड़ता पपीहा
पियू! पियू! से
दूरी को सामने से हटाता
थोड़ा सा स्पर्श आया।

दर्शन के स्थान पर भीड़ लगी है

दर्शन के स्थान पर भीड़ लगी है
मेरा दिखना उसके दर्शन को
ढूँढ़ता है।

उसके दर्शन में
मैं अपने दिखने से
आत्मसात होना चाहता हूँ।
अपने होने से
समा जाना चाहता हूँ
उसके होने में।

मैं सम्मुख हो जाना चाहता हूँ
उसी के होने के एकान्त में
अपने को भस्म कर डालने का
माथे पर प्रेम का भभूत लगाए।

वृक्ष नृत्य में है आदिमन

वृक्ष नृत्य में है आदिमन
घोर हरे के घने में
तुरही के वाद्य स्वरों से घिरे
एक वृक्ष की तरह
वृक्ष नृत्य है।

एक स्त्री स्वर
और एक पुरुष स्वर के
युगलों की चहचहाहट की गूँज से भरा।

नृत्य की एक प्रेमालाप की शाखा से निकली शाखा
से घना
हरी पत्तियों से छुपे
किसी एक शाखा पर
मिथुनरत युगल का भ्रम।

इस वृक्ष नृत्य में
फलित युगल
आदिवास करता हूँ।

यह अनन्त अन्त का दौर

यह अनन्त अन्त का दौर
आत्मसात के गाँव में
आत्मसात का ठौर।

आत्मसात का बारबार
अबकी बार, अगली बार
इसबार
हरबार का दौर
हरबार के इस गाँव में
हरबार का ठौर।

मिलने और बिछड़ने के पहले
बस इतना जीवन
इस जीवन का और
एक साथ के इस गाँव में
एक साथ का ठौर।

—कि कुछ दिनों तक

—कि कुछ दिनों तक
मैं उसे अच्छा आदमी समझता रहा
बल्कि काफी दिनों तक
और काफी दिनों के बाद भी
अच्छा आदमी समझता रहा
हर बार समझा
बार-बार शुरू से आखिर तक।

अधिकतर लोगों ने उसे बुरा कहा
न्यायपालिका ने बल्कि हत्यारा भी
जितना मुझे उस आदमी के अच्छे होने पर विश्वास था
उतना सत्ता और सर्वोच्च न्यायपालिका पर कभी नहीं था।

वह एक गरीब आदमी था।

नदी के कुछ अदृश्य खँडहर हैं जलवाष्प

नदी के कुछ अदृश्य खँडहर हैं जलवाष्प
इतिहास की नदी है, गंगा, ब्रह्मपुत्र, जमुना, व्यास
एक मनुष्य नदी में स्नान करता है
यह सभ्यता है
नदी के किनारे एक स्त्री कपड़े धोती है
यह सभ्यता है
एक मृत लड़का नदी में
संस्कार की तरह
प्रवाहित होता है
बरसात नदी के खँडहर का दृश्य है–
जहाँ नदी नहीं है
बरसात में भीगना पर्यटन है।

कुछ नये लोगों से

कुछ नये लोगों से
मेल-जोल हो जाएगा
कुछ नयी जगह
देख लेने का होगा मौका
और एक अपरिचित जगह जाकर
बस जाने की होगी इच्छा
बहुत से परिचित सुख
और थोड़े से दुःख अपरिचित
का सामान लेकर
पत्नी बच्चों के साथ
इस अते-पते
और बेठिकानों से भरे संसार में
कहीं एक पता
बनने के पहले तक रह कर
रहते रहने का मन
इस समय
पृथ्वी में निवास करना है।

रात को याद करता हूँ

रात को याद करता हूँ
ताकि मैं उसे
शब्दशः दुहरा सकूँ—
अँधेरे को एक और अँधेरे में
अनगिनत तारों को
अनगिनत तारों में और
बार-बार तारों के अनगिनत में।

दबोचे जाने को
दबोचे जाने में शब्दशः
छटपटाहट को
बिल्ली के मुँह में दबे
पक्षी के पंख की फड़फड़ाहट से,

अथवा मेरी शब्दहीनता में
मेरी छटपटाहट को
ध्वनिशः वह पक्षी फड़फड़ाता होगा

शब्दहीनता में
किसी भी कविता के पहले
मैं मुक्ति को
मुक्तियों में दुहराता हूँ ध्वनिशः
जो झुण्ड में उड़ जाता है।

तथा मैं परोक्ष हूँ

तथा मैं परोक्ष हूँ—
मैं तुमसे कहूँगा।

मेरे कहे को नहीं
कहे की प्रतिध्वनि
तुम्हें सुनाई देगी।

तुम मुझसे कहोगे! और
तुम्हारे कहे को नहीं
उसकी प्रतिध्वनि सुनाई देगी।

कविता—मैंने अपने से कहा।
जो सुनाई देती है वह प्रतिध्वनि है
जिसे मैंने अपने से कहा।

पिंजड़े में

पिंजड़े में
लिपिक! लिपिक!!
बोलने वाला तोता
साहब के घर में था।

बहुत प्राचीन पक्षी लिपि है
सान्ध्य आकाश में पक्षियों की पंक्ति
सन्दर्भ लौटने का, वाक्य है
यह विषय भी लौट़ने का इतना है
कि वाक्य भी लौटता है।
अपने कार्यालय की खिड़की से
उन उड़ते हुए पक्षियों से
मैंने कहा आभार।

आभार पक्षियों की ओर उड़ गया
पहले एक मेरा आभार था
और बाकी सब सारस थे
फिर उसका भी आभार था
और सब सारस थे।

स्थिरता यदि पहाड़ न हो

स्थिरता यदि पहाड़ न हो
तो पहाड़ वहीं नहीं दिखते
और हमारे दिखने में
ऊँची उड़ान भरते किसी पक्षी का नाम
पहाड़ हो चुका होता।
फॉसिल हो चुकी उड़ान है यह पहाड़
आकाश की ओर
जो पंख ने भरे थे।
जिनके पंख नहीं
वही मैं हूँ पैदल
उड़ान की स्थिर ऊँचाइयों
और ऊबड़-खाबड़ में
चढ़ रहा होता हूँ,
उड़ान पर डग भरता हूँ।

पहाड़ पर शिखर तक एक डगर है
डग भरते हुए मुझे लगता है–
मैं उड़ते हुए एक पक्षी के
पीछे-पीछे जा रहा हूँ।
पक्षी! मैं तुम्हारे पीछे हूँ!!

दोस्त से मैंने कहा कि सूखी झील पर बसे हुए शहर की तरह था

दोस्त से मैंने कहा कि सूखी झील पर बसे हुए शहर की तरह था।
पालतू बत्तख का झुण्ड सड़क पर बायें
पैदल चल रहा था।
लोग आ रहे थे।
मैं किसी नाव या बोट का नाम लेकर
जूते पहिने हुए था।
जूते बरसाती नहीं थे।
तैरना आता तो शायद नंगे पैर चलता
बत्तख के झुण्ड बहुत थे–
आदमियों की तरह।
बत्तख का झुण्ड
बत्तख की तरह था।
बत्तख की तरह चोंच और पंख थे।
बत्तखनुमा गर्दन दोस्त की थी–
लम्बी लटकी हुई, उसकी ही पतलून
और कमीज के झोले से बाहर

आदमी की मुट्ठी में आसानी से आ सके, गोल।
अलबत्ता कमीज की जेब
एक और छोटे झोले की तरह—
दो अण्डों या
दो अण्डों की कीमत के लायक जगह।
मेरा दोस्त बहुत गिरता था
अण्डों की दुकान और बममारक हवाई जहाज की हमने बहस की।

सुबह है

सुबह है
जीवन पर्यन्त की सुबह है
इस आजीवन सुबह के सुबह-सुबह में
उस बूढ़ी कोचनिन से भाजी ही खरीदना
जिससे मोल भाव नहीं करता मैं
जो पालक रुपया के दस जूड़ी कहती है
और गिनते समय बारह देती है।

मैं दो जूड़ी लेने से इनकार करता हूँ
कि दाई ज्यादा है
तो गुस्सा होकर
नहीं बेचना है कहकर
सब पालक वापस करने को कहती है।

हारकर ठगा हुआ
दस के बदले बारह जूड़ी लेता हूँ
दो दिन के दो सुबह उपराहा पाता हूँ
इसी उम्र में दो उम्र जीवन पाता हूँ।

इस मैदानी इलाके में

इस मैदानी इलाके में इस साल भी
पहाड़ नहीं हैं
पहाड़ न जाने कबसे वहाँ हैं, जहाँ वे हैं।
उन्हें अब हटकर होना चाहिए
मसलन विंध्याचल, मोटर स्टैंड या कचहरी से सटकर
गाँव की पाठशाला या खेत के पीछे सतपूड़ा केवल।
हिमालय वहाँ ज्यादती है
जहाँ हिमालय नहीं है।
यह मैदान ज्यादती है
जहाँ मैदान नहीं है।
टाटानगर ज्यादती है
जहाँ टाटानगर नहीं है!
इस साल यह समतल विस्थापित हो हिमालय पर
तराई पर नहीं
चोटी पर इस मैदान का शिखर इलाका हो।
भोपाल हो अब की साल
बाँकल, पनियाजोब के पास।
गंगा के किनारे से हटकर

काशी महानदी के पास।
गरियाबन्द गंगा से,
चंडीगढ़ साँची से,
नाँदगाँव से फरीदकोट,
और मद्रास से जुड़ा हो मुरादाबाद।
सब जगह इस तरह विस्थापित हो
सब जगह के पास
कि सब जगह हो सब जगह के पास
और अकाल, आतंक, दुकाल में अबकी साल
गाँव से एक भी विस्थापित न हो।

जो शाश्वत प्रकृति है उसमें पहाड़ हैं

जो शाश्वत प्रकृति है उसमें पहाड़ हैं
उनकी चट्टानों, पत्थरों में
बार बार उगते पेड़ और वनस्पतियाँ हैं
वहाँ मैं जा रहा हूँ
वहाँ ऐसा एकान्त हिमांचल है
कि कोई पहले गया न हो
वे मनुष्य की राह देख रहे हैं
वे पर्वत, श्रेणियों में उसी तरह स्थिर हैं
जैसे चित्र खिंचवाने के लिए
एक समूह होता है बाहर
उनके बीच एक मेरी जगह है
वहाँ मैं अटल स्थिर हो जाऊँगा क्या?
मैं स्थिर नहीं होऊँगा
घूमूँगा, दौड़ूँगा, हँसूँगा, चिल्लाऊँगा,
रोऊँगा,
कि इस एकान्त में पहाड़ों को
यह याद न आये कि एक समय था

जब पृथ्वी में मनुष्य नहीं थे

शायद उन्हें वह समय याद आ रहा हो
जब पृथ्वी में मनुष्य नहीं थे।

बाजार से खरीदी गयी है

बाजार से खरीदी गयी है यह टँगी हुई रंगीन तस्वीर
सुन्दर गोल-मटोल बच्चों की—
कि अपने घर के बच्चे इतने सुन्दर नहीं होते,
वैसे जूते-कपड़े
और इतने स्वस्थ, गोल-मटोल भी नहीं होते।

बहुत बिकती हैं
इसी तरह बच्चों की तस्वीरें
इसे खरीद लेने का मन
पिता के मन जैसा
किसी का भी हो जाता है
घर-घर अब तो आम हुआ है।

दरअसल अपने-अपने बच्चों की
गुमसुम सब तरफ चिन्ता है।

मेरी एक अठन्नी

मेरी एक अठन्नी
खो गयी है।
मैं उसे ढूँढ़ता हूँ
और मुझे मिल गया है
एक चाँदी का रुपया।
वह रुपया मेरा नहीं था
लेकिन उस रुपये में
मेरे कटे सिर का
निशान है।
(तो उस अठन्नी में
जरूर मेरा धड़ होगा)
और इसलिए
पूरी मेहनत से
ढूँढ़ ही रहा हूँ
अपनी खोई हुई अठन्नी।
पर हाय! मुझे क्या पता था
कि मेरा अधूरा व्यक्तित्व
एक निन्यानबे का फेर होगा।

व्यक्त नहीं होता घटित पेड़

व्यक्त नहीं होता घटित पेड़
अभिव्यक्त नहीं होती
घटना की उसकी एक हरी पत्ती
पेड़ में बिल्कुल व्यक्त नहीं होता घोंसला
और नीचे पड़ी हुई
एक अधनंगी स्त्री
जिसकी उघरी जाँघ पर
उस पेड़ की एक सूखी पत्ती
ढाँकती है सूखी पत्ती के आकार की
उसकी थोड़ी नग्नता
व्यक्त नहीं है किसी के फूँक सी चली यह कैसी हवा
कि वही सूखी पत्ती हिलती है
जैसे अब गिरती है
और गिर जाती है।
व्यक्त नहीं होगी वह पूरी नग्न होने पर
व्यक्त नहीं होगी पेड़ पर झूलती लाश
जैसे उस स्त्री का वह पुरुष।
व्यक्त नहीं पेड़ पर बैठती उड़ती चिड़िया।

पेड़ दिखता नहीं
छुपा हुआ है वह अपनी आड़ पर।
छुपा हुआ है घोंसला
घोंसले की आड़ पर।
अघटित व्यक्त है सब कुछ
इस पर भी पत्ती पत्ती की आड़ पर।

मेरे पेट में मेरा दिमाग

मेरे पेट में मेरा दिमाग
मेरे पेट में
अकेला मैं गर्भस्थ।
अपने पेट में
अपनी ही जूठन खाकर
बढ़ रहा हूँ
मैं
मैं।
पेंसिल की नोक चबाकर
पेटभर सोचता हूँ।
मेरे पेट में
मेरा दिमाग
बगीचे सा खिला हुआ है।

तथा आश्चर्य

तथा आश्चर्य है,
तथागत आश्चर्य
कि केवल एक
एक सच कह रहा था।
वह सच-सच बता रहा था
और उसका सच सब सुन रहे थे।
ऐसा कोई नहीं था
जो उसका सच न सुन रहा हो।
पता नहीं वह कौन था?
जो सुन रहे थे
उनकी भीड़ लगी थी
और वे सबके सब बुद्ध थे,
बड़े-बूढ़े, स्त्री-पुरुष
और बच्चे भी—
बच्चे भी सिद्धार्थ नहीं थे
बुद्ध थे।

जंगल के उजाड़ में

जंगल के उजाड़ में
कांदा खोदते-खोदते
भूख से बेहाश पड़े आदिवासी के लिए
कौन डाक्टर को बुलाएगा!
उसे अस्पताल ले जाना चाहिए
या रसोईघर!!
यहाँ दूर तक कोई अस्पताल नहीं
दूर-दूर तक ऐसी झोंपड़ी नहीं
जहाँ रसोई पकती हो।
भूख से बेहोश पड़े आदमी का
प्राथमिक उपचार क्या होगा!!
बेहोशी में लगेगा कि अभी सोया हुआ है
और उसे सोने दिया जाए
बेहोशी में मर जाए तो
कैसे पता चलेगा कि मर गया
और अब कुछ नहीं हो सकता!!
यदि वह मर गया
तो उसके हिस्से का

हंडी में थोड़ा भी भात नहीं था
जो दूसरे के लिए बच जाता—
दूर किसी पेड़ के नीचे या झोंपड़ी में
उसकी पत्नी और तीन बच्चे
भूख से मरते हुए उस आदमी का
इन्तजार करते होंगे
कि वह कांदा खोदकर ला रहा होगा
फिर वे भी भूख से मर जाएँगे।
कुछ ही दिनों से यह एक आदिवासी कथा है
कि बहुत बरस से जंगल में
बहुत से आदिवासी भूख से मर जाते हैं।

स्टेशन की तरफ आते-जाते

स्टेशन की तरफ आते-जाते
मुख्य रास्ते पर, जेल है
एक दोस्त का मकान तो
बिलकुल उसके पास है–
जिसके घर तो आना जाना प्रायः है
ग़रीब लोगों से उसको बहुत प्यार है।
कई बार गया मैं स्टेशन
मैं नहीं गया कभी जेल के अन्दर।

जेल की दीवालों के घेरे की सीमा में ऊपर
रुका हुआ एक बादल, कुछ देर के लिए सही
आकाश तो हर हमेश है।

कितना भी अँधेरा क्यों न हो
जेल की कोठरी के अन्दर,
पर कुछ कम अँधेरा होता होगा दिन।

जेल बहुत तकलीफदेह और खौफनाक हो
तब भी सींकचे के अन्दर से

आना जाना करती होगी चिड़िया
जैसे मेरी खिड़की के सरिये के बीचों से

जेल की दबी हुई चीख
सड़क तक न सुनाई दे
पर सड़क से झुण्ड की ताकतवर आवाज़
ज़रूर जाती होगी काल कोठरी के अन्दर
किसी निरपराध कैदी तक
या रेलगाड़ी की सीटी के साथ
गाड़ी के रवाना होने की छक! छक!!

सड़क से गुज़रते हुए सर्कस का जुलूस भी लें
तो घोड़ा कम ऊँचा है
हाथी और ऊँट भी नहीं दिखेगा
दीवाल इतनी ऊँची है
पर लाउडस्पीकर से साफ सुनाई देता होगा
कि सर्कस सत्रह से चालू होगा
या शादी के बैण्ड बाजे की धुन।
ज़मीन से फूटकर आकाश में फूटता
कोई रंगीन धमाका!!

इसी तरह जो बाहर का है जेल के अन्दर
बस वही तकलीफदेह और खौफनाक है।

मैं नहीं गया जेल के अन्दर
पर दोस्त कहता है
उससे भी ज्यादा तकलीफदेह और खौफनाक
जेल के अन्दर जो कुछ है
वह जेल के बाहर है।

घण्टे को मैंने बजाया

घण्टे को मैंने बजाया
घण्टे की ध्वनि मैंने सुनी
फिर अनुरणन।—

कितना निर्जन है यह क्षेत्र
मेरी उपस्थिति और पेड़ों की आड़ में
छुपा हुआ यह खँडहर मन्दिर!
अपनी उपस्थिति के साथ
मैं ऐसी ही निर्जनता लिये फिरता हूँ
और प्रतीक्षा ऐसी ही।

असमाप्त लौटने की राह पर लौटता हूँ,
घण्टे का अंतर्नाद
मुझे सुनाई देता है—
घण्टे का आर्तनाद
आर्तनाद का अनुरणन
असमाप्त मेरे साथ होता है।

आदिम रंग

आदिम रंग आदिम मनुष्य ने क्या देखा था—
वह पहला पुरुष
कि सूर्योदय या सूर्यास्त का गगन रंग
कि धरती हरी-भरी से उड़ते
हरे तोते की टें टें में
उड़ता हरा रंग
चोंच के लाल रंग में
दबा हुआ जंगली फल का रंग पका हुआ
मीठा सरस।—

सूर्यास्त के रंग को पोंछकर दृष्टि से
दृष्टि बन्द कर
गहरे काले रंग के
विराट पृथ्वी अन्धकार की रात्रि में
वह सो रहा था।—

पृथ्वी अन्धकार में

पहला पुरुष अकेला नहीं था
न पहली स्त्री
सूर्योदय का रंग अन्धकार में
दोनों के साथ होने से बन रहा था।

यहाँ तक आने की दूरी को

यहाँ तक आने की दूरी को
पारकर नहीं, समेट आया
छोड़कर नहीं, साथ लिये
लौटकर जाने, पीछे कुछ छूटा नहीं
एक कदम के लायक भी नहीं
वहाँ मेरा अनदेखा कुछ नहीं बचा
और यहाँ दर्शनार्थियों की भीड़ में शामिल।
इस भीड़ में उसके दिख जाने में रहना चाहता हूँ
उसके दिखने में अपने दिखने से आत्मसात।

मैं अलख देखना चाहता हूँ—
उसके होने में अपने को भस्म कर डालने का
माथे पर प्रेम का भभूत लगाए।

कितना सारा गन्तव्य

कितना सारा गन्तव्य
निकल पड़े का जीवन
बल्कि कितनी जगहें, लोग, दूर-दूर की दूरी
दूर-दूर का पास-पड़ोस।

पाँच जगह नहीं होने के
मेरे पाँच एकान्त।
पाँच जगह होने के
मेरे पाँच गन्तव्य।
बल्कि कई जगह नहीं होने की
मेरे एकान्त की भीड़।

इन एकान्तों की भीड़ के आगे
ग़न्तव्यों की भीड़
बल्कि गन्तव्यों का जुलूस
बल्कि इसके पीछे
अकेला पीछे।

बल्कि एक जगह होने के एक एकान्त से
जगह-जगह होते जाने का पंख पसार
बल्कि बाँह पसार।

शहर से बाहर

शहर से बाहर
धुँधली शाम के अन्दर
और भी ज्यादा धुँधला
कोई आदमी हो गया है।
केवल एक धब्बा आदमी
और छैः धब्बे पेड़
नीम के या बबूल के
न जाने किसके,
इतनी दूर से, मैं तो जानता नहीं
आदमी समझ में आता नहीं।
न तो मैंने चिल्लाकर उस आदमी से कुछ कहा।
और न छैः धब्बे पेड़ों को
आवाज दी।
इसके बाद भी
वे सब धब्बे
मिले जुले
मेरी तरफ चले
और सब जगह

चारों तरफ चले गये।
मैं तो देख नहीं पाया
या कुछ दिखता नहीं।
अँधेरा ऐसा ही होता है।
एक बड़ा धब्बा जंगल
या हजारों आदमी धब्बा होता है।
छैः पेड़ और एक आदमी
चारों तरफ पेंट हो गये।
हाय! मेरा खात्मा हो गया।

मुझे उधार लेना है

मुझे उधार लेना है,
पड़ोसी से हाथ मिलाते हुए मैंने कहा
कि आपसे हाथ मिला रहा हूँ और
मेरे पैसे खर्च नहीं हुए।

मुझे तुरन्त सूचना मिली
कि बहुत से लोग
बहुत रईस हैं
लेकिन मेरे पैसे खर्च नहीं हुए।

बहुत ढूँढ़कर मैंने चश्मा लगाया
मैं चल रहा हूँ
मुझमें ताकत है
मैं जिन्दा हूँ!!
रईस! रईस!!
जोर से मैं चिल्लाया—
मेरे पैसे खर्च नहीं हुए।

और बिना उधार लिए
मुझसे काफी कुछ हो गया

जबकि मेरे पास
सौ रुपये का नोट था
उसकी शक्ल
बिलकुल आपके सौ रुपये के नोट की है—
तुलजाराम सेवकराम बैंकर्स!!

मेरी शक्ल आपकी तरह नहीं है इन्दरचन्द!
मैं बिलकुल नहाया धोया
कपड़े साफ सुथरे
मेरी शक्ल क्या खराब है!!

आखिर मुझे क्या करना है
जब मुझे उधार लेना है?

समुद्र की लहर किनारे रेत में

समुद्र की लहर किनारे रेत में
पानी की परत होते तक आयी
और लौट गयी।
फिर फैला दी गयी पानी की गीली चदरिया किनारे
और गीली की गीली खींच ली गयी बार-बार
जो क्रम है,
रायपुर के पास सेलुद गाँव की बच्ची
स्लेट पट्टी के गलत लिखे को पानी से मिटाकर
पट्टी को हवा में झुलाते हुए गाती है
—समुद का पानी समुद में जाये
मोर पट्टी सुखा जाये।
फिर सही लिखे को पानी से मिटाकर
पट्टी को हवा में झुलाते हुए गाती है—
समुद का पानी समुद में जाये
मोर पट्टी सुखा जाये।
अंतःकरण तक पानी से भरे समुद्र से
स्लेट पट्टी तक पानी आता है
और लौट जाता है
यही ज्वार-भाटा है।

मानुष मैं ही हूँ

मानुष मैं ही हूँ
इस एकान्त घाटी में
यहाँ मैं मनुष्य की
आदिम अनुभूति में
साँस लेता हूँ।
ढूँढ़कर एक पत्थर उठाकर
एक पत्थरयुग का पत्थर उठाता हूँ।
कलकल बहती ठण्डी नदी के जल को
चुल्लू से पीकर
पानी का प्राचीन स्वाद पाता हूँ।
मैं नदी के किनारे चलते-चलते
इतिहास को याद कर
भूगोल की एक पगडण्डी पाता हूँ।
सन्ध्या की पहली तरैया
केवल मैं देखता हूँ।
चारों तरफ प्रकृति और प्रकृतिं की ध्वनियाँ हैं
यदि मैंने कुछ कहा तो
अपनी भाषा नहीं कहूँगा
मनुष्य ध्वनि कहूँगा।

रायपुर बिलासपुर सम्भाग

रायपुर बिलासपुर सम्भाग
हाय! महाकौशल, छत्तीसगढ़ या भारतवर्ष
इसी में नाँदगाँव मेरा घर
कितना कम पहुँचता हूँ जहाँ
इतना जिन्दा हूँ
सोचकर खुश हो गया कि
पहुँचूँगा बार-बार
आखिरी बार बहुत बूढ़ा होकर
खूब घूमता जहाँ था
फलाँगता छुटपन
बचपन भर
फलाँगता उतने वर्ष
उतने वर्ष तक
उम्र के इस हिस्से पर धीरे-धीरे
छोटे-छोटे कदम रखते
जिन्दगी की इतनी दूरी तक पैदल
कि दूर उतना है
नाँदगाँव कितना अपना।

स्टेशन पर भीड़
गाड़ी खड़ी हुई
झुण्ड देहाती पच्चीसों का रेला
आदमी औरत लड़के लड़की
गन्दे सब नंगे ज्यादातर
कुछ बच्चे रोते बड़ी जोर से
बाकी भी रुआँसे सहमे
जुड़े-सटे एक दूसरे से इकट्ठे
कूड़े-कर्कट की गृहस्थी का सामान लाद
मोटरा, पोटली, ढिबरी, कंदील
लकड़ी का छोटा सा गट्ठा
एक टोकनी में बासी की बटकी हंडी
दूसरी में छोटा सा बच्चा
छोटी सुन्दर नाक, मुँह छोटा सा प्यारा
बहुत गहरी उसकी नींद
भविष्य के गर्भ में उल्टा पड़ा हुआ
बहुत गरीब बच्चा
वर्तमान में पैदा हुआ।

भोलापन बहुत ना समझी!!
पच्चासों घुसने को एक साथ एक ही डिब्बे में
लपकते वही फिर एक साथ दूसरे डिब्बे में।
एक भी छूट गया अगर
गाड़ी में चढ़ने से
तो उतर जायेंगे सब के सब।

डर उससे भी ज्यादा है

अलग अलग बैठने की बिलकुल नहीं हिम्मत
घुस जाएँगे डिब्बों में
खाली होगी बेंच
यदि पूरा डिब्बा तब भी
खड़े रहेंगे चिपके कोनों में
या उखरु बैठ जाएँगे
थककर नीचे
डिब्बे की ज़मीन पर।

निष्पृह उदास निष्कपट इतने
कि गिर जाएगा उन पर केले का छिलका
या फल्ली का कचरा
तब और सरक जाएँगे
वहीं कहीं
जैसे जगह दे रहे हों
कचरा फेंकने की अपने ही बीच।

कुछ लोगों को छोड़
बहुतों ने देखा होगा
पहली बार आज
रायपुर इतना बड़ा शहर
आज पहली बार रेलगाड़ी, रोड रोलर, बिजली नल।
छोड़कर अपना गाँव
जाने को असम का चाय बगान, आजमगढ़
कलकत्ता, करनाल, चण्डीगढ़
लगेगा कैसा उनको, कलकत्ता महानगर!!

याद आने की होगी
बहुत थोड़ी सीमा–
चन्द्रमा को देखेंगे वहाँ
तो याद आयेगा शायद
गाँव के छानी छप्पर का, सफेद रखिया
आकाश की लाली से
लाल भाजी की बाड़ी
नहीं होगी ज़मीन
जहाँ जरी खेड़ा भाजी।
आँगन में करेले का घना मण्डप
जिसमें कोई न कोई हरा करेला
छुपकर हरी पत्तियों के बीच
टूटने से छूट जाता
दिखलायी देता
जब पककर लाल बहुत हो जाता–
देखेंगे जब पहली बार
सुबह शाम का सूरज
छूटकर रह गया वहाँ दिन
छूटकर सुबह शाम का सूरज।

दूर हो जाएगी गँवई, याद आने की अधिकतम सीमा से भी
क्षितिज के घेरे से मजबूत और बड़ा
कलकत्ते का है घेरा
कि अपनी ही मज़बूरी की मजदूरी का
गरीबी अपने में एक बड़ा घेरा।

नहीं! नहीं! मैं नहीं पहुँच सकूँगा नाँदगाँव

मरकर भी न जिन्दा रह
टिकट कर दूँ वापस
चला जाऊँ तेज भागते
गिरते पड़ते हाँफते
देखूँ झोपड़ी एक-एक
कितनी खाली
क्या था पहले
क्या है बाकी।
छूट गयी होगी धोके से
साबुत कोई हंडी
पर छोड़ दिया गया होगा दुःख से
पैरा तिनका तक
अरहर काड़ी एक-एक।

समय गुज़र जाता है
जैसे सरकारी वसूली के लिए साहब दौरे पर।
फिलहाल सूखा है
इसलिए वसूली स्थगित
पिटते हुए आदमी के बेहोश होने पर
जैसे पीटना स्थगित।

देखना एक ज़िन्दा उड़ती चिड़िया भी
ऊँची खिड़की से फेंक दिया किसी ने
मरी हुई चिड़िया बाहर का भ्रम
कचरे की टोकरी से फेंका हुआ मरा वातावरण
मर गया एक बैल जोड़ी की तरह
एक मुश्त रायपुर और बिलासपुर

इसे महाकौशल कहूँ या छत्तीसगढ़!!

मर गया प्रदेश
मर गयी जगह पड़ी हुई उसी जगह
उत्तर प्रदेश राजस्थान
बिहार कर्नाटक आंध्र
बिखर गयी बैलों की अस्थिपंजर सी सब ज़मीन उत्तर से दक्षिण
ज़मीन के अनुपात से
आकाश को गिद्ध कहूँ
इतना भी नहीं काफी
जितना, अकेला एक गौंठिया काफी
फिर मरे हुए दिन की परछाईं रात अँधेरी।

शब्द खेत शब्द पत्थर
मेंड़ के नीचे धँसे पत्थर
बल्कि चट्टानें
फॉसिल हुई फसलें।
दृश्य तालाब का
गड्ढे का दृश्य साफ है।
तालाब का पंजर।
पपड़ाया हुआ मन तालाब का भीतरी।
जिसमें सूखी हरी काई की परत
सूख गया हरा विचार तालाब का।
पार के ऊपर जाकर
मन्दिर के पास खड़ा
किसी पेड़ का जैसे एक पुराना बरगद।
पेड़ का नीम सूखा

‘था एक पेड़’ की कहानी की शुरुआत।
लकड़ी के पेड़ के बबूल पीपल
लकड़ी की अमराई।

एक ग़रीब खेतिहर के बेदखल होते ही
छूटकर रह गयी ज़मीन
ज़मीन का नक्शा होकर
टँग गयी ज़मीन दीवाल पर
कि हिमालय एक निशान हिमालय का नक्शे में
नदियाँ बड़ी-बड़ी बस चिह्न नदियों के
पुल, रेलगाड़ी की पटरी, सड़क
और निशान समुद्रों के
नक्शा पूरा टँगा हुआ देश का दीवाल पर
कहाँ नाँदगाँव उसमें मेरा घर।
बहुत मुश्किल ढूँढ़ने में
पारी नाला, नदी मुहारा
रास्ता पगडण्डी का
घर आँगन, एक पेड़ मुनगे का
अजिया ने जिसे लगाया था
दो पेड़ जाम के
बापजी, बड़े भय्या के, और चाचा की छाया,
अम्मा से तो एक एक ईंट घर की
और चूल्हे की आगी
बहुत थककर एक कोने में पड़ जाती,
बहुत मुश्किल इन सबका उल्लेख नक्शे में।

नहीं कोई चिह्न

तालाबों में खिले हुए कमल का
तैरती छोटी-छोटी मछली
झींगा, सिंगी, बामी, कातल
कूदते नंग धड़ंग छोटे बड़े, गाँव के लड़कों का
तकनीकी तौर पर भी मुश्किल
यह सब नक्शे में
जब गाँव बहुत से और छोटे-छोटे हों
ग़रीब करोड़ों और रईस थोड़े हों
जब तक न वहाँ बड़े कल-कारखाने
या बाँध ऊँचे हों।

बिना जाते हुए प्लेटफार्म पर खड़े-खड़े
जब याद आते हैं नाँदगाँव पहुँचने के
छोटे-छोटे से देहाती स्टेशन
इधर से रसमड़ा, मुड़ीपार, परमालकसा
उधर से मुसरा, बाँकल
तब लगता है मैं कहीं नहीं
बस निकाल दिया गया दूर कहीं बाहर सीमा से
निहारते नक्शे को नक्शे के बाहर खड़े खड़े
लिये हाथों में एक झोला
एक छोटी पेटी का अपना वजन।—
फिर थककर बैठ जाता हूँ पेटी के ऊपर
और इस तरह खड़े-खड़े थकने से पछताता हूँ—
कि तालाब की सूखी गहराई के बीच
मैं भी तालाब का कोई छोटा सा जीवित विचार दिखूँ
ज़िन्दगी में गीलेमन से रिसता हुआ
पीपल की गहरी जड़ों को छूता

खेत के बीच कुएँ के अन्दर
झरने सा फूटूँ।
मेहनत के पसीने से भीग जाऊँ।
पलटकर वार करते हुए
बुरे समय के बाढ़ के पानी को
दीवाल सा रोकता
बाँध का परिचय दूँ
कि मैं क्या हूँ आखिर
मेरी ताकत भी क्या है
बाढ़ को रोकने वाली दीवाल
छोटे से गाँव के तालाब का छोटा सा विचार है।
बिखर गये एक एक कमजोर को
इकट्ठा करता हुआ
ताकत का परिचय दूँ
कि मैं क्या हूँ
मेरी ताकत भी क्या है
इकट्ठी ताकत तो एक-एक कमजोर का विचार है।

गूँजी तब गाड़ी की तेज़ सीटी
कानों में हवा साँय गूँजी
अँधेरे अधर में लहर गयी एक हरी बत्ती
किसी खूँखार जानवर की अकेली आँख अँधेरे में हरी चमकी
चलने को है अब हरहमेश की रेलगाड़ी
हड़बड़ाकर मैं पेटी से उठा
कि हाथ का झोला छिटक दूर जा पड़ा
गिर गया टिफिन का डिब्बा झोले से बाहर
लुढ़कता खुलता हुआ

रोटी और सूखी आलू की सब्जी को बिखराता
ढक्कन अलग दूर हुआ
अचानक तब इकट्ठे भूखे नंगे लड़कों में
होने लगी उसी की छीना झपटी
मेरी छाती में धक-धक
मेहनत को आगे भूख का ख़तरा हरहमेश
काँप गये पैर
अरे! रोक दो मत जाने दो
मजबूर विस्थापित मज़दूरों को
कहाँ गया लाल झण्डा! लाल बत्ती!! गाड़ी रोकने को
आ क्यों नहीं जाता सामने सूर्योदय लाल सिगनल सा
खींच दे उसमें से ही कोई जंजीर खतरे की
या पहुँचे कोई इंजन तक
कर ले कब्जा गाड़ी के आगे बढ़ने पर
पलटा दे दिशा गाड़ी की
कूदें सब खिड़की दरवाजे से डिब्बे की
लौंटे लेकर फैसले का विचार लश्कर
छोड़ दें पीछे मोह कचरे की गृहस्थी का
टट्टा कमचिल बासी की बटकी हंडी भी
पर भूल न जाएँ ढिबरी कंदिल
ज़रूरत अँधेरे में रास्ता ठीक देखने की।

एक ग़रीब जैसे हर जगह उपलब्ध आकाश पर
गोली का निशान गोल सूरज
रिसता रक्त पूरब कोई सुबह।
उसी सुबह एक ज़िन्दा चिड़िया का हल्ला
देखने को टोलापारा उमड़ा

सुनाई देती है सीटी उस चिड़िया की
बुलबुल की शायद दिखलायी नहीं देती
कहाँ है? कहाँ हैं?
एक ने कहा—मुझे दिखी
उसे घेरकर तुरन्त जमघट हुआ
चिड़िया बुलबुल दिखाने को
बच्चों को कन्धे पर बैठाये लोग
इस तरह भविष्य तक ऊँचे लोग
सबकी इशारे पर एकटक नज़र
उधर वहाँ!
'था एक पेड़' की कहानी का जहाँ खात्मा
नहीं चला होगा लम्बा किस्सा
समाप्त बीच में ही हुआ होगा
वहीं सुरक्षित पीपल का एक बीज अंकुर
'एक पेड़ है' कहानी की शुरुआत
उसी पेड़ पर
जिस पेड़ की फुनगी को सारे आकाश का निमन्त्रण।

हरा मुलायम
हरा ललछौंह चमकते
नये पत्तों के बीच

बस उसी पेड़ पर।